SEKUNDARSTUFE I
Klasse 5–10

Martin Staeckling

Digital unterrichten

Apps & Co. im **Musikunterricht** gezielt einsetzen

Fertige Stundenentwürfe

Cornelsen

Der Autor

Martin Staeckling hat in Münster und Osnabrück Musik, Deutsch sowie das Unterrichtsfach Pädagogik studiert, arbeitete einige Jahre als Lehrer an einem Gymnasium in Bochum und ist inzwischen bei einem Bildungsdienstleister im Bereich Potenzialanalyse tätig. Außerdem leitet er Lehrgänge im Bereich „Digitale Medien im Unterricht".

Alle aufgeführten Systeme und Tools stellen nur Beispiele für die Unterrichtsgestaltung dar. Bitte stimmen Sie sich mit Ihrer Schulleitung dazu ab, welche Systeme oder Tools an Ihrer Schule im Rahmen der Unterrichtsgestaltung genutzt werden dürfen.

Projektleitung: Dorothee Weylandt, Berlin
Redaktion: Birte Meyer, Berlin
Umschlaggestaltung: Corinna Babylon und Jule Kienecker, Berlin
Layout und technische Umsetzung: Reemers Publishing Services GmbH, Krefeld

www.cornelsen.de

1. Auflage, 1. Druck 2023

Druck: H. Heenemann, Berlin

ISBN 978-3-589-16904-7

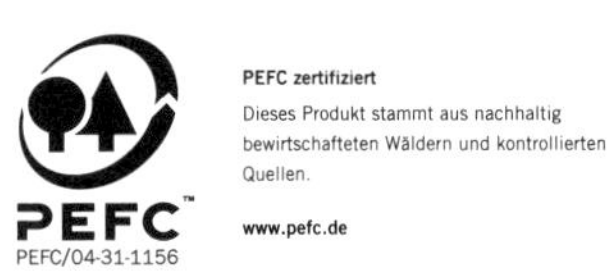

PEFC zertifiziert
Dieses Produkt stammt aus nachhaltig bewirtschafteten Wäldern und kontrollierten Quellen.
www.pefc.de

Inhaltsverzeichnis

Vorwort

Kaum ein anderes Fach eignet sich besser für den Einsatz digitaler Medien als das Unterrichtsfach Musik. Im Musikunterricht werden seit Beginn des 20. Jahrhunderts Tonbeispiele vorgespielt, zuerst von Schallplatten, dann hielten Tonbänder und CDs Einzug in den Unterricht – und seit geraumer Zeit werden verstärkt YouTube und andere Apps genutzt. Musik zu hören, ist ein wichtiger Bestandteil des Musikunterrichts. Mit Streaming-Apps, wie z. B. Spotify, Amazon Music oder iTunes, ist dies deutlich einfacher – die meiste Musik ist so frei zugänglich und konsumierbar geworden. Auch der Bereich der digitalen Musikproduktion ist wie geschaffen für den Musikunterricht. Ergebnisse von musikalischen Lernprodukten lassen sich auf diese Weise einfach und in Studioqualität aufzeichnen, ein Computer mit einem Mikrofon reicht dafür meistens aus.

Auch dank des Digitalpakts der Bundesregierung sind Schulen immer besser mit neuen Medien und Endgeräten ausgestattet. Computerräume speziell für den Musikunterricht sind keine Seltenheit mehr. Auch sogenannte Tabletklassen sind an den meisten weiterführenden Schulen inzwischen Normalität. Häufig sind die Endgeräte bereits mit passender Musiksoftware ausgestattet.

Dieser Band bietet verschiedene Stundenentwürfe, in denen digitale Medien zur Unterstützung und zur Verbesserung des Musikunterrichts genutzt werden. Anhand der Unterrichtsvorschläge soll gezeigt werden, wie man die neuen technischen Möglichkeiten sinnvoll einsetzen kann. Außerdem verfügen Schülerinnen und Schüler durch die private Nutzung zumeist schon über ausreichende Erfahrungen im Umgang mit digitalen Medien, die in diesen Stundenentwürfen zum Tragen kommen. Die Schülerinnen und Schüler können zum Beispiel TikTok-Videos erstellen und mit Musik unterlegen. Diese Aufgabe wird mit dem Thema Programmmusik in Verbindung gebracht. Außerdem gibt es eine Einführung in den Bereich des DJings, was für Schülerinnen und Schüler besonders interessant sein dürfte.

Im ersten Themenkomplex werden typische Unterrichtsthemen der 5. und 6. Klassen behandelt. Klassische Unterrichtsmodelle sollen durch digitale Medien ergänzt oder ersetzt werden. Dazu dienen einige exemplarische Beispiele, die sich auch auf andere Themen übertragen lassen. Im zweiten Themenkomplex soll die Biografie einer Künstlerin oder eines Künstlers mithilfe eines Podcasts erzählt werden. Ein besonderes Augenmerk wird hier auf die Mischung von Text und Musikbeiträgen gelegt, die in einem normalen Aufsatz nicht möglich ist. Der dritte Themenkomplex zeigt digitale Wege in die Welt der Oper, wie z. B. in Form eines virtuellen Opernrundgangs mithilfe von Augmented Reality. Im vierten Themenkomplex steht praxisorientiert das Thema Filmmusik im Vordergrund. Neben eigenen Erklärvideos soll auch eigene Filmmusik nach vorgegebenen Kriterien komponiert und aufgenommen werden. Im Rahmen des umfangreichen Themenkomplexes Popmusik sollen Drumcomputer programmiert, Samples erstellt, Songs aufgenommen und Musikvideos gedreht werden. Der sechste Themenkomplex führt die Schülerinnen und Schüler in die Welt des DJings ein. Mithilfe von Streaming-Apps sollen Songlisten erstellt und mit Blick auf Playlists und Übergänge optimiert werden. Anschließend sollen diese Playlists mit einer DJ-Software aufgelegt werden, die sich auf den meisten Smartphones installieren lässt. Das siebte Kapitel beinhaltet Unterrichtsmodelle, die Möglichkeiten für das Musizieren im Klassenverband mit digitaler Unterstützung aufzeigen. Mithilfe der Unterrichtsideen des letzten Teils sollen Schülerinnen und Schüler in die Lage versetzt werden, verschiedene Prinzipien der Neuen Musik selbst digital umsetzen zu können. Im Mittelpunkt steht zum einen die praktische Anwendung der Aleatorik als Kompositionstechnik und zum anderen bekommen die Schülerinnen und Schüler die Möglichkeit, über Sinuswellen und verschiedene Formen des Rauschens Klangerzeugungs- und Bearbeitungsprozesse der neuen elektronischen Musik nachvollziehen zu können.

Ich wünsche Ihnen und ihren Schülerinnen und Schülern viel Spaß bei der Umsetzung!

Themenkomplex 1: Klassische Unterrichtsmodelle unterstützen (Klasse 5/6)

Lerninhalte

Die Unterrichtsideen sind für die Klassen 5/6 gedacht. Es geht darum, ...

- anhand einer Thematik der Programmmusik (z. B. Bilder einer Ausstellung) ein passendes Handyvideo zu erstellen.
- Intervalle optisch und akustisch mithilfe von Notationsprogrammen zu erkennen.
- das Wissen über Intervalle mithilfe eines Quiz zu sichern.
- Instrumente und ihre Eigenschaften digital kennenzulernen.

Unterrichtsideen

Titel	Medien
1.1 Ein Handyvideo zur Programmmusik drehen	• Videoschnittprogramme (z. B. TikTok, iMovie) • Handys oder Tablets • Beamer • Videoschnittprogramme (z. B. TikTok, iMovie) • Digitale Pinnwand (z. B. Padlet)
1.2 Ein Intervallquiz spielen	• Handys oder Tablets • Kopfhörer • Beamer • Computer • Boxen • Notations-Apps (z. B. MuseScore, Online Sequencer, GarageBand, Sibelius, Crescendo)
1.3 Instrumente digital kennenlernen	• Tablets • Kopfhörer • Browser
1.4 Orchesterstimmen mit einer Partitur nachvollziehen	• Computer • Beamer • Boxen • Videoportal (z. B. YouTube)

1.1 Ein Handyvideo zur Programmmusik drehen

Ziele/Kompetenzen	Ein Handyvideo zur Programmmusik erstellen. Die Stunde wird dem Themenschwerpunkt Bedeutungen von Musik im Bereich Produktion zugeordnet. Die SuS entwerfen und realisieren einfache bildnerische und szenische Darstellungen zu Musik.
Digitale Medien	• Videoschnittprogramme (z. B. TikTok, iMovie) • Handys oder Tablets • WLAN im Klassenraum • Pinnwand-App (z. B. Padlet)
Vorbereitung	Ein fertiges Video zu einem Stück aus der Programmmusik zu Demonstrationszwecken auswählen. Die SuS sollen passende Requisiten mit zur Schule bringen: Zum Beispiel können mit Stofftieren, Puppen, anderen Spielfiguren oder Bausteinen einzelne Szenen dargestellt werden. Die SuS müssen ihr Handy mit zum Unterricht bringen. Die Mobiltelefone müssen aufgeladen und die entsprechende App muss zuvor installiert worden sein.
Material	• Beamer • Arbeitsblatt 1 und Arbeitsblatt 2
Klassenstufe	5./6. Klasse
Sozialform	GA oder PA, UG
Zeitbedarf	2 × 45 Minuten
Achtung!	Mit den Eltern muss zuvor abgestimmt werden, dass die SuS ihre Handys im Unterricht verwenden und die entsprechende Video-App installieren dürfen.

Phase	Unterrichtsverlauf	Sozialform	Material/Tools
Einstieg	Den SuS wird ein fertiges Video zu einem Stück aus der Programmmusik (z. B. Karneval der Tiere) gezeigt. Die SuS sollen beschreiben, mit welchen Mitteln das Video gedreht wurde. Anschließend sollen erste Ideen gesammelt werden, wie man ein solches Video selbst aufnehmen kann.	UG	• Beamer • Computer • Boxen • Beispielvideo
Erarbeitung	Im ersten Schritt erstellen die SuS mithilfe von Arbeitsblatt 1 in Kleingruppen (2 bis 4 SuS) einen kurzen Drehplan. Sie halten Szenen, Figuren (z. B. Stofftiere, Spielfiguren), Bewegungen und Handlung kurz schriftlich darauf fest. Im zweiten Schritt wird gedreht. SuS der Jahrgangsstufen 5 und 6 sind in der Lage, mit Apps wie z. B. TikTok selbst ein kleines Video zu drehen. Die Videos können im Klassenraum, im Flur oder auf dem Schulhof gefilmt werden. Nach Abschluss des Drehs (und ggf. Schnitts) wird das Video mit der entsprechenden Programmmusik unterlegt.	GA	• Handys oder Tablets • Video-App • Soundfiles • Arbeitsblatt 1

Sicherung	Die SuS laden ihre fertigen Videos auf einer Pinnwand wie z. B. Padlet hoch. Über die Pinnwand können die einzelnen Gruppen ihre Videos vorstellen und erklären, wie sie vorgegangen sind. Die anderen SuS notieren auf dem Arbeitsblatt 2, was ihnen an dem jeweiligen Video gefällt und geben der Gruppe eventuell weitere Tipps.	UG	• Beamer • Computer • Boxen • digitale Pinnwand (z. B. Padlet) • Arbeitsblatt 2

Name:

Wir erstellen einen Drehplan und drehen das Video

Aufgabe 1: Erstelle mit deiner Nachbarin/deinem Nachbarn oder deiner Gruppe einen Drehplan für ein kurzes Video zu unserem Musikbeispiel. Halte dabei die geplanten Bewegungen und Abläufe zur Musik in maximal 10 Szenen fest.

Aufgabe 2: Wenn ihr die Tabelle ausgefüllt habt, könnte ihr damit beginnen, das Video zu drehen. Verwendet dafür eine Video-App (z. B. TikTok). In der optischen Gestaltung seid ihr frei – ihr könnt mit Spielfiguren, Bausteinen oder Stofftieren arbeiten. Unterlegt das Video zum Schluss mit der entsprechenden Musik. Ladet das Video auf Padlet hoch.

Szenen	Bewegungen, Gesten, Abläufe, Schritte zur Musik

Name:

Feedbackbogen

Das hat mir an eurem Video gefallen	Folgende Tipps habe ich für euch

1.2 Ein Intervallquiz spielen

Ziele/Kompetenzen	Ein Intervallquiz mit einem Notationsprogramm erstellen. Die Stunde wird dem Themenschwerpunkt Entwicklungen von Musik im Bereich Rezeption zugeordnet. Die SuS benennen musikalische Stilmerkmale unter Verwendung der Fachsprache.
Digitale Medien	• Handys oder Tablets • WLAN • Notations-App (z. B. MuseScore, Online Sequencer, GarageBand, Crescendo, Sibelius)
Vorbereitung	Ein Intervallquiz zu Demonstrationszwecken vorbereiten (ggf. eine leichte und eine schwere Version). Kenntnisse zur Bedienung des Notationsprogramms müssen bei den SuS vorhanden sein. Den SuS werden die digitalen Endgeräte zugewiesen. Kopfhörer werden verteilt.
Material	• Beamer • Boxen • Kopfhörer • Arbeitsauftrag (Tafel, Whiteboard oder Aufgabenzettel)
Klassenstufe	5./6. Klasse
Sozialform	GA, UG
Zeitbedarf	45 Minuten
Achtung!	SuS, die gut Intervalle hören und lesen können, sollten bei der normalen Runde aussetzen und eine Extrarunde mit schweren Beispielen spielen.

Phase	Unterrichtsverlauf	Sozialform	Material/Tools
Einstieg	Mit den SuS wird zuerst ein Intervallquiz gespielt, das die Lehrkraft im Vorfeld vorbereitet hat. Im ersten Schritt wird das Intervall vorgespielt, im zweiten die Notation gezeigt. Wer das Intervall sofort errät, bekommt zwei Punkte, wer die Aufgabe anhand der Notation lösen kann, bekommt einen Punkt.	UG	• Beamer • Computer • Boxen
Erarbeitung	Nun sollen die SuS mithilfe eines Notationsprogramms selbst ein Intervallquiz erstellen, in dem fünf Intervalle (je nach Schwierigkeit nacheinander oder gleichzeitig gespielt) in das Programm eingegeben werden. Die Klasse wird in Fünfergruppen aufgeteilt. Der Arbeitsauftrag wird entweder über ein Whiteboard gezeigt, als Tafelanschrieb oder als Arbeitsaufgabe verteilt: *Notiert mit dem Notationsprogramm 5 Intervalle. Achtet darauf, dass sie in unterschiedlichen Tonlagen liegen, damit es nicht zu einfach wird!*	GA	• Handys oder Tablets • Kopfhörer • Arbeitsauftrag
Sicherung	Jede Gruppe spielt ihr Quiz mit dem Rest der Lerngruppe. Die Gruppe des Mitglieds, das das Intervall errät, bekommt die entsprechenden Punkte. Die Gruppe mit den meisten Punkten gewinnt.	UG	• Computer • Beamer • Boxen

1.3 Instrumente digital kennenlernen

Ziele/Kompetenzen	Die Stunde wird dem Themenschwerpunkt Entwicklungen von Musik im Bereich Rezeption zugeordnet. Die SuS ... • beschreiben subjektive Höreindrücke bezogen auf den Ausdruck von Musik. • analysieren musikalische Strukturen hinsichtlich der mit ihnen verbundenen Ausdrucksvorstellungen.
Digitale Medien	• Tablets • WLAN
Vorbereitung	Den SuS werden die digitalen Endgeräte zugewiesen. Spezielle Vorkenntnisse oder Voraussetzungen sind nicht notwendig.
Material	• Bild eines Orchesters • Kopfhörer • Browser • Videos auf der Website „Planet Schule" des WDR aus der Reihe „Die Klangkiste – Ein Orchester stellt sich vor" • Arbeitsblatt
Klassenstufe	5./6. Klasse
Sozialform	PA, GA, UG
Zeitbedarf	3 × 45 Minuten
Achtung!	Es muss eine stabile Internetverbindung vorhanden sein. SuS, die selbst eines der behandelten Instrumente spielen können, dürfen ihr Instrument in den Unterricht mitbringen und vorstellen.

Phase	Unterrichtsverlauf	Sozialform	Material/Tools
Einstieg	Den SuS wird das Bild eines Orchesters gezeigt. Das Vorwissen zu den einzelnen Instrumentengruppen wird von der Lehrkraft an der Tafel oder am Smartboard festgehalten.	UG	• Bild • Tafel/ Smartboard
Erarbeitung	Die SuS werden in drei Gruppen mit jeweils vier Untergruppen aufgeteilt: Streicher, Bläser, Schlagwerk. Anschließend sollen sie allein das jeweilige Video von Planet Schule ansehen und Informationen über ihre Instrumentengruppe sammeln. Danach sollen sie in Partnerarbeit ihre Ergebnisse mit der Nachbarin/dem Nachbarn und abschließend mit der ganzen Gruppe teilen und vervollständigen (Think-Pair-Share).	GA, PA	• Arbeitsblatt • Tablets • Kopfhörer
Sicherung	Jede Gruppe stellt ihre Instrumentenfamilie vor. Die anderen Gruppen füllen dazu die Arbeitsblätter aus.	UG	• Arbeitsblatt

Name:

Was wissen wir über unsere Instrumentengruppe?

Schaut euch das Video zu eurer Instrumentengruppe an. Tragt dabei die Informationen in die Tabelle ein. Tauscht eure Ergebnisse anschließend mit eurer Nachbarin/eurem Nachbarn. Teilt und ergänzt sie danach mit der ganzen Gruppe.

Meine Instrumentengruppe	
Mein Instrument	
Klang (Wie wirkt das Instrument auf mich?)	
Klangerzeugung (Durch welche Bewegung entsteht der Ton bei meinem Instrument?)	
Eigenschaften	
Funktionen im Orchester	

1.4 Orchesterstimmen mit einer Partitur nachvollziehen

Ziele/Kompetenzen	Orchesterstimmen sollen mithilfe von Videos (z. B. YouTube) nachvollzogen werden. Die Stunde wird dem Themenschwerpunkt Bedeutungen von Musik im Bereich Rezeption zugeordnet. Die SuS analysieren musikalische Strukturen hinsichtlich der mit ihnen verbundenen Ausdrucksvorstellungen.
Digitale Medien	• Tablets • WLAN
Vorbereitung	Den SuS werden die digitalen Endgeräte zugewiesen. Die SuS müssen über die Grundlagen des Notenlesens und der Instrumentalkunde verfügen.
Material	• Kopfhörer • Boxen • Browser • Videos, bei denen man zur Musik eine Orchesterpartitur mitlesen kann, wie z. B. von „Die Moldau“ (Smetana) auf YouTube.
Klassenstufe	5./6. Klasse
Sozialform	GA, UG
Zeitbedarf	3 × 45 Minuten
Achtung!	Es muss eine stabile Internetverbindung vorhanden sein. Diejenigen unter den SuS, die selbst eines der vorgestellten Instrumente spielen können, dürfen ihr Instrument in den Unterricht mitbringen und erklären.

Phase	Unterrichtsverlauf	Sozialform	Material/Tools
Einstieg	Den SuS wird das Tonbeispiel vorgespielt. Sie sollen Vermutungen äußern, wie das Notenbild dazu aussehen könnte.	UG	• Computer • Beamer • Boxen • Videoportal (z. B. YouTube)
Erarbeitung	Die SuS werden in Gruppen aufgeteilt, denen jeweils eine Instrumentengruppe zugewiesen ist. Sie lesen anschließend die Partitur des Stückes zum Videobeispiel mit. Erklingen im Tonbeispiel die Instrumente ihrer Gruppe, müssen die SuS aufstehen.	GA	• Computer • Boxen • Beamer • Videoportal (z. B. YouTube)
Sicherung	In der letzten Phase wird nur die Musik abgespielt, ohne dass das Video und die Partitur dazu gezeigt werden. Wieder sollen die SuS aufstehen, sobald ihre Instrumentengruppe erklingt.	GA	

Themenkomplex 2: Einen Komponistenpodcast aufnehmen (Klasse 5/6)

Lerninhalte

Die Unterrichtsidee des Komponistenpodcasts eignet sich für die 5./6. Klasse. Es geht darum, ...
- mithilfe einer Internetrecherche den Steckbrief einer Komponistin/eines Komponisten zu erstellen.
- das populäre Werk einer Komponistin/eines Komponisten kennenzulernen.
- Lebensdaten und Kompositionen einer Komponistin/eines Komponisten in einem Podcast vorzustellen.
- durch das dokumentarische Vorstellen von Komponistinnen/Komponisten deren Lebenswege besser nachvollziehen zu können.
- die Grundstrukturen eines Podcasts kennenzulernen und auf dieser Basis selbst einen solchen zu erstellen.
- sich mithilfe eines selbst erstellten Quiz erlernte Inhalte bewusst zu machen und dafür entsprechende Fragen und Antworten zu entwerfen.

Unterrichtsideen

Titel	Medien
2.1 Lebensdaten und Werk einer Komponistin/ eines Komponisten recherchieren	• Beamer • Computer • Tablets, Computer oder Handys • Kopfhörer • Boxen
2.2 Den Podcast planen	• Beamer • Computer • Boxen
2.3 Den Podcast aufnehmen	• Tablets oder Computer • Beamer • Kopfhörer • Mikrofone • Aufnahmeprogramm (z. B. Audacity, GarageBand, Timbre)
2.4 Inhalte des Podcasts mit einem Quiz sichern	• Tablets, Computer oder Handys • Beamer • Quiz-App (z. B. Kahoot!, Quizizz, Socrative)

2.1 Lebensdaten und Werk einer Komponistin/eines Komponisten recherchieren

Ziele/Kompetenzen	Eine Internetrecherche zu einer Komponistin/einem Komponisten durchführen. Die Stunde wird dem Themenschwerpunkt Entwicklungen von Musik im Bereich Reflexion zugeordnet. Die SuS ... • erläutern historische und biografische Hintergründe von Musik. • ordnen Musik in einen historischen oder biografischen Kontext ein.
Digitale Medien	• Tablets, Computer oder Handys • WLAN
Vorbereitung	Den SuS werden die digitalen Endgeräte zugewiesen. Es muss eine stabile Internetverbindung vorhanden sein.
Material	• Beamer • Arbeitsblatt 1 und 2
Klassenstufe	5./6. Klasse
Sozialform	GA, UG
Zeitbedarf	2 × 45 Minuten
Achtung!	Mit den Eltern muss zuvor abgestimmt werden, dass die SuS ihre Handys im Unterricht verwenden dürfen.

Phase	Unterrichtsverlauf	Sozialform	Material/Tools
Einstieg	Den SuS wird das Bild einer berühmten Komponistin/eines berühmten Komponisten (z. B. Clara Schumann, Mozart) gezeigt. Es werden Assoziationen in Bezug auf die berühmte Person gesammelt und an der Tafel oder dem Whiteboard festgehalten.	UG	• Computer • Beamer • Bild
Erarbeitung	Im ersten Schritt sollen die SuS in der Gruppe Kategorien finden, nach denen der Steckbrief gegliedert werden soll. Anschließend werden diese Kategorien im Plenum vorgestellt. Im zweiten Schritt recherchieren die SuS die nötigen Informationen für den Steckbrief im Rahmen einer Internetrecherche (Arbeitsblatt 1). In der zweiten Stunde suchen die SuS ein bedeutendes Werk der Komponistin/des Komponisten aus, zu dem sie Informationen sammeln und geeignete Hörbeispiele finden (Arbeitsblatt 2).	GA, UG	• Tablets, Computer oder Handys • Kopfhörer • Arbeitsblatt 1 und 2
Sicherung	Die Gruppen stellen ihre Ergebnisse im Plenum vor. Anschließend bekommen sie von der Klasse und der Lehrkraft eine Rückmeldung zu den Stärken ihres Vortrages und erhalten gegebenenfalls noch Verbesserungsvorschläge.	UG	• Computer • Beamer • Boxen

Name:

Eine Internetrecherche zu Lebensdaten und Werk der Komponistin/des Komponisten durchführen

Aufgabe 1: Entwickelt in eurer Gruppe Kategorien, die ihr für einen Steckbrief im Podcast wichtig findet, und tragt diese in die Tabelle ein. Anschließend vergleichen wir die Ergebnisse der Gruppen im Plenum.

Aufgabe 2: Nachdem wir die Kategorien festgelegt haben, recherchiert im Internet nach den jeweiligen Informationen und tragt diese in die Tabelle ein.

Kategorie	
Name	
Geburtsort	

Name:

Ein kurzes berühmtes Werk der Komponistin/des Komponisten auswählen und Informationen darüber sammeln

Aufgabe 1: Findet ein Hörbeispiel eines zentralen Werks der Komponistin/des Komponisten, das auch in eurer Recherche genannt wurde. Hört euch anschließend das Werk gemeinsam an (z. B. mit YouTube, Spotify, Deezer, Amazon Music, iTunes)

Aufgabe 2: Sammelt weitere Informationen über das Musikstück, die ihr in eurem Podcast ausführen wollt.

Unser gewähltes Werk:

Weitere Informationen zu diesem Werk:

2.2 Den Podcast planen

Ziele/Kompetenzen	Den Aufnahmeplan für einen Podcast erstellen. Die Stunde wird dem Themenschwerpunkt Entwicklungen von Musik im Bereich Reflexion zugeordnet. Die SuS ... • erläutern historische und biografische Hintergründe von Musik. • ordnen Musik in einen historischen oder biografischen Kontext ein.
Digitale Medien	• Computer, Handys oder Tablets • WLAN • Beamer
Vorbereitung	Eine Übersicht über die Abschnitte eines Podcasts zur Erklärung anlegen (siehe Arbeitsblatt). Den SuS werden die digitalen Endgeräte zugewiesen. Es muss eine stabile Internetverbindung vorhanden sein.
Material	• Boxen • Arbeitsblatt
Klassenstufe	5./6. Klasse
Sozialform	GA, UG
Zeitbedarf	2 × 45 Minuten
Achtung!	Mit den Eltern muss zuvor abgestimmt werden, dass die SuS ihre Handys imUnterricht verwenden dürfen.

Phase	Unterrichtsverlauf	Sozialform	Material/Tools
Einstieg	Als Einstieg wird den SuS eine Übersicht gezeigt, aus welchen Abschnitten ein Podcast besteht. Es wird besprochen, was in den einzelnen Abschnitten enthalten sein muss. Anschließend werden Verständnisfragen diesbezüglich geklärt.	UG	• Computer • Beamer • Übersicht zu den Abschnitten eines Podcasts
Erarbeitung	Die SuS überlegen nun, wie sie ihren Podcast aufbauen wollen. Mithilfe des Arbeitsblattes tragen sie die einzelnen Bestandteile in den Ablaufplan ein.	GA	• (digitales) Arbeitsblatt
Sicherung	Eine Gruppe stellt exemplarisch ihre Ergebnisse im Plenum vor. Anschließend bekommt sie von der Klasse und der Lehrkraft eine Rückmeldung zu den Stärken ihres Vortrages und erhält gegebenenfalls noch Verbesserungsvorschläge.	UG	• Computer • Beamer • Boxen

Name:

Den Aufnahmeplan für den Podcast erstellen

Aufgabe 1: Entwickelt in der Gruppe die Abschnitte, aus denen euer Podcast aufgebaut sein soll. Berücksichtigt dabei eure Rechercheergebnisse und die Ergebnisse zu dem von euch ausgewählten Werk.

Aufgabe 2: Tragt die Informationen in der richtigen Reihenfolge ins Arbeitsblatt ein. Haltet die Texte, die die jeweilige Sprecherin/der jeweilige Sprecher später lesen soll, ausformuliert in der Tabelle fest. Tragt ebenfalls ein, wann welcher Ausschnitt des Musikstücks gespielt werden soll, und schätzt abschließend, wie lang jeder Abschnitt ungefähr dauern soll.

Abschnitt	Sprechertext	Musikausschnitt mit Sekundenangabe	Geschätzte Dauer des Abschnitts
Intro (allgemeine Vorstellung eures Podcasts)			
Einleitung (z. B. Begrüßung, Einführung in das Thema)			
Hauptteil			

Name:

Abschnitt	Sprechertext	Musikausschnitt mit Sekundenangabe	Geschätzte Dauer des Abschnitts
Schluss/ Zusammenfassung			
Outro (z. B. Teamvorstellung, Danksagung, Verabschiedung)			

Weitere mögliche Abschnitte eines Podcasts:
- Pitch (kurze Vorstellung der Folge)
- Ausblick (Übersicht der Folge)
- Call-to-Action (z. B. Aufruf, von eigenen Erlebnissen zu berichten)

2.3 Den Podcast aufnehmen

Ziele/Kompetenzen	Die Aufnahme des Podcasts durchführen. Die Stunde wird dem Themenschwerpunkt Entwicklungen von Musik im Bereich Reflexion zugeordnet. Die SuS ... • erläutern historische und biografische Hintergründe von Musik. • ordnen Musik in einen historischen oder biografischen Kontext ein.
Digitale Medien	• Computer, Tablets oder Handys • WLAN • Aufnahmeprogramm (z. B. Audacity, GarageBand, Timbre)
Vorbereitung	Den SuS werden die digitalen Endgeräte zugewiesen. Es muss eine stabile Internetverbindung vorhanden sein. Die SuS müssen mit der Verwendung der Aufnahme-Software vertraut sein.
Material	• Beamer • Kopfhörer • Mikrofone • Boxen • Aufgabenübersicht (Tafel oder Whiteboard)
Klassenstufe	5./6. Klasse
Sozialform	GA, UG
Zeitbedarf	3 × 45 Minuten
Achtung!	Technik-Check vorab: Funktionieren alle Geräte, Kopfhörer, Mikros ...? Die Aufnahmen müssen regelmäßig zwischengespeichert werden, damit sie nicht verloren gehen. Es muss für jede Gruppe einen ruhigen Aufnahmeort geben.

Phase	Unterrichtsverlauf	Sozialform	Material/Tools
Einstieg	Die Lehrkraft demonstriert vor der Klasse, wie eine Audiospur aufgenommen wird. Sie spricht dafür einen exemplarischen Podcast-Text ein.	UG	• Computer • Beamer • Mikrofone • Kopfhörer
Erarbeitung	Die SuS nehmen anhand ihres Aufnahmeplans ihren Podcast mithilfe der Audiosoftware auf. Dabei übernehmen sie bestimmte Rollen innerhalb des Aufnahmeteams (Aufgabenübersicht). Das gilt auch für die Phase der Postproduktion.	GA	• Computer • Mikrofone • Kopfhörer • Audio-Software • Aufgabenübersicht (Tafel/ Whiteboard)
Sicherung	Alle Gruppen stellen ihre Podcasts vor. Das Plenum wählt die besten drei aus. Jede Gruppe stimmt für ihren Lieblingspodcast – der eigene ist nicht wählbar.	UG	• Computer • Beamer • Boxen

Übersicht: Rollenverteilung bei der Aufnahme eines Podcast

Tontechniker/in: Kümmert sich um die technischen Aspekte der Aufnahme.

Mischer/in: Betreut die Postproduktion, Schnitt, Stereo-Panning, Mastering.

Sprecher/in: Liest die vorbereiteten Texte ein.

Aufnahmeleitung/Regie: Gibt den Einsatz vor, hört das Gesprochene mit und macht anschließend Verbesserungsvorschläge.

2.4 Inhalte des Podcasts mit einem Quiz sichern

Ziele/Kompetenzen	Ein Quiz rund um die vorgestellte Komponistin/den vorgestellten Komponisten erstellen. Die Stunde wird dem Themenschwerpunkt Entwicklungen von Musik im Bereich Produktion zugeordnet. Die SuS entwerfen und realisieren musikbezogene Gestaltungen in einem historisch-kulturellen Kontext.
Digitale Medien	• Computer, Tablets oder Handys • WLAN • Quiz-App (z. B. Kahoot!, Quizizz, Socrative)
Vorbereitung	Ein bereits erprobtes Quiz zu Demonstrationszwecken auswählen. Den SuS werden die digitalen Endgeräte zugewiesen. Es muss eine stabile Internetverbindung vorhanden sein. Die Informationen zur Komponistin/zum Komponisten müssen bereits erarbeitet worden sein.
Material	Beamer
Klassenstufe	5./6. Klasse
Sozialform	GA, UG
Zeitbedarf	2 × 45 Minuten
Achtung!	Mit den Eltern muss zuvor abgestimmt werden, dass die SuS ihre Handys im Unterricht verwenden dürfen. Es sollten maximal vier Gruppen ihr Quiz vorstellen, da sich danach die Fragen erfahrungsgemäß wiederholen.

Phase	Unterrichtsverlauf	Sozialform	Material/Tools
Einstieg	Die SuS spielen ein vorbereitetes Quiz. Als Thema kann zum Beispiel ein bereits zu einem früheren Zeitpunkt behandelter Komponist gewählt werden. Dabei werden exemplarisch die Eingabefunktionen des jeweiligen Quiz kurz erläutert. Jeder Frage kann eine Gewinnstufe, ähnlich wie bei „Wer wird Millionär?", zugeordnet werden.	UG	• Computer • Beamer • Quiz
Erarbeitung	Die SuS erstellen nun nach bestimmten Vorgaben ein eigenes Quiz zu der von ihnen behandelten Komponistin/dem von ihnen behandelten Komponisten.	GA	• Computer, Tablets oder Handys • Quiz-App
Sicherung	Zwei bis drei Gruppen spielen exemplarisch ihr jeweils selbst erstelltes Quiz, entweder mit einem Schüler oder einer Schülerin oder mit der gesamten Lerngruppe.	UG	• Computer • Beamer

Themenkomplex 3: Digitale Wege in die Oper (Klasse 8/9)

Lerninhalte

Die Unterrichtsideen zum Thema Oper sind für die Klassen 8/9 gedacht. Es geht darum, ...
- Informationen zu berühmten Opernhäusern zu recherchieren.
- mithilfe dieser Informationen digitale Stationen (Bounds) zu erstellen.
- Opernhäuser und ihre Geschichte übersichtlich und prägnant in einem Bound vorzustellen.
- Augmented Reality und weitere Tools zielführend einzusetzen.
- Zeitungsrezensionen zu einer populären Oper zu verfassen.

Unterrichtsideen

Titel	Medien
3.1 Opernhäuser besichtigen	• Computer • Drucker • Tablets • Kopfhörer • App (z. B. Actionbound, PlayCity oder Locandy)
3.2 „Diese Oper kann ich euch empfehlen!“	• Computer oder Tablets • Beamer • Zeitungseditoren-Apps (z. B. FlipHTML5, Mag-2GO, PressPad, MagLoft)

3.1 Opernhäuser besichtigen

Ziele/Kompetenzen	Opernhäuser auf virtuellen Rundgängen kennenlernen. Die Stunde wird dem Themenschwerpunkt Entwicklungen von Musik im Bereich Reflexion zugeordnet. Die SuS erläutern historisch-kulturelle und biografische Hintergründe musikalischer Entwicklungen.
Digitale Medien	• Tablets • WLAN • Computer • App (z. B. Actionbound, PlayCity, Locandy)
Vorbereitung	QR-Codes für verschiedene Opernhäuser vorbereiten. Den SuS werden die digitalen Endgeräte zugewiesen. Die SuS müssen mit der Bedienung der Augmented-Reality-App vertraut sein.
Material	• Kopfhörer • Drucker für die QR-Codes • Arbeitsaufträge (Tafel, Whiteboard, Aufgabenzettel)
Klassenstufe	8./9. Klasse
Sozialform	GA, UG
Zeitbedarf	4 × 45 Minuten
Achtung!	Die Größe der erstellten Stationen muss begrenzt sein, damit der Durchlauf zeitlich möglich ist. Sollten die SuS die Erstellung einer digitalen Station nicht beherrschen, können diese auch von der Lehrkraft eingerichtet werden.

Phase	Unterrichtsverlauf	Sozialform	Material/Tools
Einstieg	Die SuS erhalten einen QR-Code für die Website eines Opernhauses. Diesen öffnen sie mit dem Tablet und beginnen ihren Rundgang. Anschließend geben sie ihre Eindrücke vom jeweiligen Gebäude wieder.	UG	• Tablets • QR-Codes
Erarbeitung	Die SuS werden in fünf Gruppen aufgeteilt und einem Opernhaus zugeteilt, wie z. B. der Mailänder Scala, dem Opernhaus in Sidney, der Metropolitan Opera in New York, der Semperoper in Dresden oder dem Bolschoi-Theater in Moskau. Sie erhalten die Aufgabe, einen Bound/eine Station mit ihrer Gruppe zum Opernhaus zu erstellen. Dafür sollen sie im Rahmen einer Internetrecherche Informationen über das Gebäude, Fotos und bedeutende Aufführungen mit Tonbeispielen sammeln und in ihrer virtuellen Station darstellen. Danach erstellt jede Gruppe einen passenden QR-Code zu ihrem Bound und verteilt ihn im Klassenraum. Mit ihren Tablets durchlaufen die Gruppen nun alle Stationen.	GA	• Arbeitsaufträge • Computer • Tablets • Kopfhörer • QR-Codes

Sicherung	Zu jeder Station sollen sich die SuS Stichpunkte notieren. Abschließend wählt jede Gruppe ihr Lieblingsopernhaus und erläutert kurz ihre Wahl.	UG	

Arbeitsaufträge

Aufgabe 1: Sammelt die wichtigsten Informationen zu eurem Opernhaus. Recherchiert dazu im Internet insbesondere zur Geschichte des Gebäudes, seiner Architektin bzw. seinem Architekten und zum Baustil. Sucht außerdem drei Fotos und eventuell Videos heraus, auf denen man eine gute Übersicht über das Operngebäude bekommt. Ton- oder Videoaufnahmen können einen Eindruck von der Akustik vermitteln.

Aufgabe 2: Stellt eure Informationen in einem Bound zusammen. Erstellt anschließend einen passenden QR-Code, druckt ihn aus und legt ihn vor dem Rundgang im Klassenraum aus.

Aufgabe 3: Durchlauft mit eurer Gruppe alle Stationen. Sammelt Informationen über die anderen Opernhäuser und haltet diese stichpunktartig fest.

Überlegt euch abschließend gemeinsam, welche Oper euch am besten gefallen hat und warum.

3.2 „Diese Oper kann ich euch empfehlen!"

Ziele/Kompetenzen	Es soll eine Opernrezension für ein Onlinemagazin verfasst werden. Die Stunde wird dem Themenschwerpunkt Entwicklungen von Musik im Bereich Reflexion zugeordnet. Die SuS ordnen Informationen über Musik und analytische Befunde in einen gesellschaftlich-politischen oder biografischen Kontext ein.
Digitale Medien	• Handys oder Tablets • WLAN • Zeitungseditoren-App (z. B. FlipHTML5, Mag2GO, PressPad, MagLoft)
Vorbereitung	Den SuS werden die digitalen Endgeräte zugewiesen. Die SuS müssen mit der Bedienung der jeweiligen Onlinemagazin-App vertraut sein.
Material	• Beamer • Arbeitsaufträge (Tafel, Whiteboard oder Aufgabenzettel)
Klassenstufe	8./9. Klasse
Sozialform	GA, UG
Zeitbedarf	4 × 45 Minuten
Achtung!	Die SuS müssen die Kompositionstechniken der Filmmusik zuvor im Unterricht behandelt haben.

Phase	Unterrichtsverlauf	Sozialform	Material/Tools
Einstieg	Den SuS wird die Überschrift einer Rezension zu einer von ihnen behandelten politischen Oper (z. B. Dreigroschenoper) gezeigt. Sie sollen überlegen, wie der Artikel zu der Überschrift aussehen könnte.	UG	• Computer • Beamer
Erarbeitung	Anhand der Aufgabenstellung sollen die SuS eine Rezension zu der ihnen zugeteilten Oper in einem digitalen Zeitungsformat erstellen. Anschließend werden alle Rezensionen in einer digitalen Zeitschrift (Lernprodukt) gesammelt.	GA	• Handys oder Tablets • Zeitungs-editoren-App • Arbeitsaufträge
Sicherung	Die Gruppen stellen ihre Ergebnisse vor, während die restlichen SuS als „Redaktion" agieren und ggf. Verbesserungsvorschläge machen.	UG	• Computer • Beamer

Arbeitsaufträge

Aufgabe 1: Verfasst eine Rezension zu der von euch behandelten Oper. Geht dabei auf folgende Schwerpunkte ein: musikalische Gestaltung, Gattungsbezug, politische Aussage, musikhistorische Bedeutung, Wirkung/Rezeption in der Entstehungszeit.

Aufgabe 2: Ladet eure Rezension in das digitale Magazin hoch.

Themenkomplex 4: Filmmusik (Klasse 7/8)

Lerninhalte

Die Unterrichtsideen zum Thema Filmmusik sind für die 7./8. Klasse aufbereitet. Es geht darum, ...
- Filmmusik analysieren zu können.
- Analysen mithilfe eines Erklärvideos zu visualisieren.
- einen Kompositionsplan für eine Filmmusik zu erstellen.
- eine Filmmusik zu einer vorgegebenen Szene aufzunehmen.

Unterrichtsideen

Titel	Medien
4.1 Filmmusik mithilfe von Erklärvideos analysieren	• Beamer • Computer • Tablets, Computer oder Handys • Erklärvideo-Apps (z. B. mysimpleshow, Powtoon, Animaker)
4.2 Filmmusik komponieren	• Computer • Beamer • Boxen • Tablets • Kopfhörer • Mikrofone • (digitale) Instrumente oder Samples • Aufnahme- und Filmbearbeitungssofware (z. B. GarageBand, Online Sequencer, Hammerhead, Windows Movie Maker, iMovie, Wondershare Filmora, Story Remix, VSDC Free Video Editor)

4.1 Filmmusik mithilfe von Erklärvideos analysieren

Ziele/Kompetenzen	Stilmerkmale einer Komposition mithilfe eines Erklärvideos erläutern. Die SuS ... • analysieren abendländische Kunstmusik des 18. und 19. Jahrhunderts sowie populäre Musik im Hinblick auf ihre Stilmerkmale. • benennen musikalische Stilmerkmale unter Verwendung der Fachsprache.
Digitale Medien	• Computer, Tablets oder Handys • WLAN • Erklärvideo-App (z. B. mysimpleshow, Powtoon, Animaker)
Vorbereitung	Erklärvideo zu Demonstrationszwecken vorbereiten. Den SuS werden die digitalen Endgeräte zugewiesen. Es muss eine stabile Internetverbindung vorhanden sein.
Material	• Beamer • Boxen • Arbeitsblatt
Klassenstufe	7./8. Klasse
Sozialform	GA, UG
Zeitbedarf	3 × 45 Minuten
Achtung!	Mit den Eltern muss zuvor abgestimmt werden, dass die SuS ihre Handys im Unterricht verwenden dürfen. Prüfen Sie vor Unterrichtsbeginn, ob die App kostenlos und auf allen Endgeräten verfügbar ist. Die allgemeinen Eigenschaften der Stilmerkmale müssen in den vorherigen Stunden behandelt worden sein.

Phase	Unterrichtsverlauf	Sozialform	Material/Tools
Einstieg	Zu Beginn der Stunde wird ein von der Lehrkraft erstelltes Erklärvideo zu einem beliebigen Thema ohne Ton gezeigt. Anschließend sollen die SuS probeweise einen improvisierten Text zu dem jeweiligen Video frei im Klassenraum sprechen.	UG	• Computer • Beamer • Erklärvideo
Erarbeitung	Die SuS sollen zu einem vorgegebenen kurzen Ausschnitt eines Filmmusikstückes vorher bereits besprochene Stilmerkmale erläutern und dazu ein Erklärvideo produzieren. Darin sollen bestimmte Stilmerkmale einzeln erklärt werden. Zur Vorbereitung wird ein Drehplan erstellt, der als Grundlage für das Erklärvideo dient. Als Bilder können Notenblattausschnitte und Stills verwendet werden, als Musik der jeweilige Werkausschnitt.	GA	• Computer, Tablets oder Handys • Kopfhörer • Arbeitsblatt • Video-App
Sicherung	Die Gruppen präsentieren ihre Ergebnisse. Das Plenum vervollständigt seine Aufzeichnungen mithilfe der erläuterten Inhalte.	UG	• Computer • Beamer • Boxen

Name:

5 Stilmerkmale mit einem Erklärvideo sichtbar machen

Aufgabe 1: Sucht in eurem Ausschnitt nach 5 Stilmerkmalen, die wir in den letzten Stunden besprochen haben. Formuliert zu jedem gefundenen Stilmerkmal einen kurzen Text in eurem Heft, der den Aufbau und die Funktionsweise erläutert. Tragt eure Planungen in die Tabelle ein.

Aufgabe 2: Erstellt mit der App ein Erklärvideo, in dem ihr das jeweilige Stilmerkmal anhand des Notentextes vorstellt. Sprecht euren Text selbst ein oder lasst ihn einsprechen, und integriert den jeweiligen Musikausschnitt in das Video.

Ausschnitt mit Taktangabe	Stilmerkmal	Besondere Eigenschaften	Bedeutung im Filmkontext

4.2 Filmmusik komponieren

Ziele/Kompetenzen	Filmmusik nach einer der vier Kompositionstechniken (Underscoring, Moodtechnik, Leitmotivtechnik, Kontrapunktierung) zu einer Szene komponieren, aufnehmen und an die ausgewählte Szene anpassen. Die Stunde wird dem Themenschwerpunkt Verwendung von Musik im Bereich Produktion zugeordnet. Die SuS ... • erfinden einfache musikalische Strukturen bezogen auf einen funktionalen Kontext. • realisieren und präsentieren klangliche Gestaltungen bezogen auf einen funktionalen Kontext.
Digitale Medien	• Handys oder Tablets • WLAN • Aufnahme- und Filmbearbeitungssofware (z. B. Online Sequencer, GarageBand, Hammerhead, Windows Movie Maker, iMovie, Wondershare Filmora, Story Remix, VSDC Free Video Editor)
Vorbereitung	Filmszene vorab auswählen, die mit Musik unterlegt werden soll. Den SuS werden die digitalen Endgeräte, Kopfhörer, Mikrofone und Instrumente zugewiesen. Die Bedienung des Sequenzers/Drumcomputers sowie der Videoprogramme muss den SuS bekannt sein.
Material	• Beamer • Kopfhörer • Mikrofone • Arbeitsblatt
Klassenstufe	7./8. Klasse
Sozialform	GA, UG
Zeitbedarf	4 × 45 Minuten
Achtung!	Die SuS müssen die Kompositionstechniken der Filmmusik zuvor im Unterricht behandelt haben.

Phase	Unterrichtsverlauf	Sozialform	Material/Tools
Einstieg	Den SuS wird eine Filmszene ohne Musik gezeigt. Anschließend sollen sie Vermutungen anstellen, wie eine mögliche Musik zu der ausgewählten Filmszene klingen könnte.	UG	• Computer • Beamer • Boxen • Filmszene
Erarbeitung	Die SuS erhalten die digitalen Endgeräte, Instrumente, Kopfhörer, Mikrofone und das Arbeitsblatt. Ihre Aufgabe ist es, eine vorgegebene Filmszene mithilfe einer Filmkompositionstechnik zu vertonen, indem sie zuerst eine Komposition erstellen und diese anschließend mit Programmen/Instrumenten aufnehmen. Abschließend unterlegen sie die entsprechende Szene mit ihrer Musik. Ihre Entscheidungen sollen sie begründen (Arbeitsblatt).	GA	• Arbeitsblatt • Handys oder Tablets • Kopfhörer • Instrumente

Sicherung	Die Gruppen stellen ihre Ergebnisse im Plenum vor. Anschließend bekommen sie von der Klasse und der Lehrkraft eine Rückmeldung zu den Stärken ihrer Komposition und erhalten gegebenenfalls noch Verbesserungsvorschläge.	UG	• Computer • Beamer • Boxen

Name:

Wir vertonen eine Szene

Aufgabe 1: Schaut euch eure Szene genau an. Entscheidet, welche Filmkompositionstechnik (Underscoring, Moodtechnik, Leitmotivtechnik, Kontrapunktierung) sich am besten für die Szene eignet. Begründet eure Entscheidung stichpunktartig.

Aufgabe 2: Entwickelt einen Kompositionsplan, der angibt, wie ihr die jeweilige Szene gestalten wollt. Dabei könnt ihr einen Notentext verfassen und/oder Beschreibungen der jeweiligen Musik vornehmen.

Aufgabe 3: Gebt die von euch entwickelte Musik in ein Aufnahme- oder Sequenzerprogramm ein. Damit können auch (digitale) Instrumente aufgenommen werden. Verwendet bei der Aufnahme digitale Effekte zur Musikbearbeitung.

Aufgabe 4: Unterlegt mit der Filmbearbeitungssoftware die entsprechende Szene mit eurer Musik. Begründet in einem Fließtext, welche Entscheidungen ihr musikalisch getroffen habt und wie sich diese an dem jeweiligen Ausschnitt orientieren.

Szene (Sekundenangabe)	Instrumente	Melodie	Harmonie	Effekte

Themenkomplex 5: Popmusik (Klasse 7/8)

Lerninhalte

Die Unterrichtsideen zum Thema Popmusik sind für die Klassen 7/8 gedacht. Es geht darum, ...

- Biografien von Popmusikerinnen und Popmusikern mithilfe eines Avatars darzustellen.
- mithilfe eines Aufnahmeprogramms eigene Samples zu erstellen.
- mit einem Sequenzer-Programm eigene Drumcomputer-Beats zu erzeugen.
- eigene Popsongs aufzunehmen.
- die verschiedenen Stufen des Aufnahmeprozesses (Aufnahme, Mix, Master) nachvollziehen und anwenden zu können.
- ein Musikvideo zu erstellen.

Unterrichtsideen

Titel	Medien
5.1 Avatare von Popmusikerinnen und Popmusikern gestalten	• Beamer • Tablets, Computer oder Handys • Kopfhörer • Boxen • Audio- und Video-App (z. B. CrazyTalk7, Voxi)
5.2 Einen Drumcomputer programmieren	• Beamer • Tablets, Computer oder Handys • Kopfhörer • Boxen • Audio-App (z. B. Online Sequencer, GarageBand, Hammerhead)
5.3 Hip-Hop-Samples erstellen	• Beamer • Computer • Boxen • Tablets • Kopfhörer • Aufnahme-/Sampleprogramm (z. B. Cubase, Logic Pro, GarageBand)
5.4 Einen Song aufnehmen	• Tablets oder Computer • Beamer • Kopfhörer • Mikrofone • Aufnahmeprogramm (z. B. Audacity, GarageBand, Timbre)
5.5 Ein Musikvideo drehen	• Tablets • Mikrofone • Kameras • Filmbearbeitungssoftware (z. B. iMovie, Wondershare Filmora, Story Remix, Windows Movie Maker, VSDC Free Video Editor)

5.1 Avatare von Popmusikerinnen und Popmusikern gestalten

Ziele/Kompetenzen	Avatare zur Darstellung von Biografien nutzen. Die Stunde wird dem Themenschwerpunkt Entwicklungen von Musik im Bereich Reflexion zugeordnet. Die SuS erläutern historische und biografische Hintergründe von Musik.
Digitale Medien	• Computer, Tablets oder Handys • WLAN • Audio- und Video-App (z. B. CrazyTalk7, Voxi)
Vorbereitung	Den SuS werden die digitalen Endgeräte zugewiesen. Es muss eine stabile Internetverbindung vorhanden sein. Die SuS müssen mit der Verwendung der Apps vertraut sein. Im Vorfeld müssen die Biografien der jeweiligen Popmusikerinnen und Popmusiker erarbeitet worden sein.
Material	• Beamer • Kopfhörer • Mikrofone • Arbeitsblatt (mit Feedback-Möglichkeit)
Klassenstufe	7./8. Klasse
Sozialform	GA
Zeitbedarf	3 × 45 Minuten
Achtung!	Es muss für jede Gruppe einen ruhigen Aufnahmeort geben.

Phase	Unterrichtsverlauf	Sozialform	Material/Tools
Einstieg	Die SuS sammeln in einer Mindmap ihr Vorwissen zum Thema „Avatar“.	UG	Tafel
Erarbeitung	Die SuS gestalten ihren Avatar und geben den im Vorfeld erarbeiteten Text zur Musikerin/zum Musiker in den Avatar ein. Der Avatar soll aus der Sicht der Künstlerin/des Künstlers sprechen. Die Informationen sollen auf vier Szenen verteilt werden: Jugend, erste Musikerfahrung/eigene Bands, Erfolge, Verlauf der Karriere. Zwischen den Texten können einzelne Musikbeispiele vorgestellt werden.	GA	• Computer • Mikrofone • Kopfhörer • Audio- und Video-Software • Arbeitsblatt
Sicherung	Alle Gruppen stellen ihre Avatare vor. Die nicht vortragenden Gruppen füllen pro Gruppe eine Feedback-Tabelle aus und geben sie den Vortragenden anschließend als Rückmeldung.	UG	• Computer • Beamer • Boxen • Feedback auf dem Arbeitsblatt

Name:

Unser Avatar spricht über seine Karriere

Aufgabe 1: Gestaltet euren Avatar so, dass er eurem Star möglichst ähnlich sieht.

Aufgabe 2: Gebt den von euch geschriebenen Künstlertext in das Programm ein. Achtet auf die Aufteilung: Jugend, erste Musikerfahrung/eigene Bands, Erfolge, Verlauf der Karriere.

Aufgabe 3: Wählt Musikbeispiele aus, die ihr zwischen den einzelnen Abschnitten spielen wollt.

Feedback

Kriterien	Das habt ihr gut gemacht	Unsere Tipps für euch
Verständlichkeit		
Aussehen des Avatars		
Musikbeispiele		
Vollständigkeit		
Ausführlichkeit		

5.2 Einen Drumcomputer programmieren

Ziele/Kompetenzen	Einen Rhythmus in ein Sequenzerprogramm/einen Drumcomputer eingeben. Die Stunde wird dem Themenschwerpunkt Entwicklungen von Musik im Bereich Produktion zugeordnet. Die SuS entwerfen und realisieren musikbezogene Gestaltungen in einem historisch-kulturellen Kontext.
Digitale Medien	• Handys oder Tablets • WLAN • Audio-App (z. B. Online Sequencer, GarageBand, Hammerhead)
Vorbereitung	Individuelle Beispielrhythmen entwickeln und Noten zur Verteilung vorbereiten. Den SuS werden die digitalen Endgeräte und Kopfhörer zugewiesen. Die SuS müssen mit der Bedienung des Sequenzers/Drumcomputers vertraut sein.
Material	• Beamer • Arbeitsaufträge (Tafel, Whiteboard, Aufgabenzettel)
Klassenstufe	7./8. Klasse
Sozialform	GA, UG
Zeitbedarf	2 × 45 Minuten

Phase	Unterrichtsverlauf	Sozialform	Material/Tools
Einstieg	Den SuS wird ein echter Drumcomputer gezeigt. Sie sollen Vermutungen anstellen, um was für ein Gerät es sich handelt. Falls nicht vorhanden, kann auch ein Screenshot des jeweiligen Programms gezeigt werden.	UG	• Computer • Beamer • Boxen
Erarbeitung	Die SuS sollen lernen, wie man Schlagzeugbeats in einen Drumcomputer/Sequenzer eingibt. Dazu werden die Noten individueller Beispielrhythmen an die SuS ausgegeben. Die Gruppen geben diese anschließend in das jeweilige Programm ein.	GA	• Arbeitsaufträge • Handys oder Tablets • Kopfhörer • Kameras
Sicherung	Jede Gruppe stellt ihren Rhythmus vor und berichtet dem Plenum, wo sie Schwierigkeiten bei der Eingabe hatte. Die anderen Gruppen überprüfen die Eingaben.	UG	• Computer • Beamer • Boxen

Arbeitsaufträge

Aufgabe 1: Gebt euren Rhythmus in das Programm ein. Überprüft danach durch eine Hörprobe, ob der Rhythmus richtig klingt. Korrigiert ihn, wenn nötig.

Aufgabe 2: Besprecht in eurer Gruppe, was euch bei der Eingabe besonders schwergefallen ist. Bestimmt zwei Mitglieder der Gruppe, die den anderen euer Ergebnis präsentieren.

5.3 Hip-Hop-Samples erstellen

Ziele/Kompetenzen	Es werden Hip-Hop-Samples erstellt. Die Stunde wird dem Themenschwerpunkt Entwicklungen von Musik im Bereich Produktion zugeordnet. Die SuS realisieren einfache vokale und instrumentale Kompositionen aus unterschiedlichen Epochen.
Digitale Medien	• Tablets oder Handys • WLAN • Aufnahme-/Sampleprogramm (z. B. Cubase, Logic Pro, GarageBand)
Vorbereitung	Auswahl von Samples zu Demonstrationszwecken. Den SuS werden die digitalen Endgeräte zugewiesen. Die SuS müssen mit der Bedienung der Aufnahmesoftware vertraut sein. Es muss eine stabile Internetverbindung vorhanden sein.
Material	• Kopfhörer • Mikrofon • Keyboards • akustische Instrumente • Boxen • Arbeitsauftrag (Tafel, Whiteboard oder Aufgabenzettel)
Klassenstufe	7./8. Klasse
Sozialform	GA, UG
Zeitbedarf	2 × 45 Minuten
Achtung!	Die SuS müssen für die Aufnahmen Verhaltensregeln bekommen, damit alle SuS in einer angenehmen Arbeitsatmosphäre aufnehmen können. Wenn möglich, sollten sich die SuS zum Arbeiten auf verschiedene Räume verteilen können.

Phase	Unterrichtsverlauf	Sozialform	Material/Tools
Einstieg	Den SuS werden verschiedene Samples vorgespielt. Sie sollen erraten, ob diese digital oder natürlich erzeugt wurden.	UG	
Erarbeitung	Die SuS nehmen in Partnerarbeit jeweils sechs Samples auf: drei digital mit dem Keyboard, drei natürlich mit akustischen Instrumenten (Arbeitsauftrag).	PA	• Tablets • Kopfhörer • akustische Instrumente
Sicherung	Am Ende stellen einige Teams ihre Ergebnisse vor. Die Klasse soll erraten, ob die Samples natürlich oder digital erzeugt wurden. Das Team, bei dem am wenigsten erraten wurde, hat gewonnen.	UG	• Boxen

Arbeitsauftrag: Nehmt insgesamt 6 Samples auf. 3 sollen digital mit dem Keyboard, 3 mit akustischen Instrumenten (z. B. Schlagzeug, Gitarre, Flöte) aufgenommen werden. Versucht bei der Aufnahme darauf zu achten, dass möglichst wenige Störgeräusche mit aufgezeichnet werden.

5.4 Einen Song aufnehmen

Ziele/Kompetenzen	Es wird ein eigener Song aufgenommen. Die Stunde wird dem Themenschwerpunkt Entwicklungen von Musik im Bereich Produktion zugeordnet. Die SuS realisieren und präsentieren vokale und instrumentale Kompositionen sowie eigene klangliche Gestaltungen auch unter Verwendung digitaler Werkzeuge und Medien.
Digitale Medien	• Computer, Tablets oder Handys • WLAN • Aufnahmeprogramm (z. B. Audacity, GarageBand, Timbre)
Vorbereitung	Frühere Aufnahme zu Demonstrationszwecken auswählen. Den SuS werden die digitalen Endgeräte zugewiesen. Es muss eine stabile Internetverbindung vorhanden sein. Die SuS müssen mit der Verwendung der Aufnahmesoftware vertraut sein.
Material	• Beamer • Kopfhörer • Mikrofone • Boxen • akustische Instrumente • Arbeitsblatt
Klassenstufe	7./8. Klasse
Sozialform	GA, UG
Zeitbedarf	4 × 45 Minuten
Achtung!	Technik-Check vorab: Funktionieren alle Geräte, Kopfhörer, Mikrofone? Die Aufnahmen müssen regelmäßig zwischengespeichert werden, damit sie nicht verloren gehen. Es muss für jede Gruppe einen ruhigen Aufnahmeort geben.

Phase	Unterrichtsverlauf	Sozialform	Material/Tools
Einstieg	Die Lehrkraft spielt der Klasse die gelungene Aufnahme einer anderen Lerngruppe vor.	UG	• Computer • Beamer • Boxen
Erarbeitung	Die SuS nehmen ihren Song mithilfe der Aufnahmesoftware auf. Dabei übernehmen sie bestimmte Rollen innerhalb des Aufnahmeteams (Musiker, Mischer). Sollten die SuS musikalisch-praktische Probleme haben, können sie gegebenenfalls auch mit bereits vorhandenen Samples arbeiten.	GA	• Computer • Mikrofone • digitale und akustische Instrumente • Kopfhörer • Aufnahmesoftware • Arbeitsblatt
Sicherung	Jede Gruppe stellt ihre Aufnahme vor. Das Plenum wählt die besten drei aus. Jede Gruppe stimmt für ihren Lieblingssong – der eigene ist nicht wählbar.	UG	• Computer • Beamer • Boxen

Name:

Wir nehmen einen Song auf

Aufgabe: Nehmt euren eigenen Song auf. Dabei kann es sich um eine Eigenkomposition oder eine Coverversion handeln. Ihr dürft Samples verwenden. Tragt die jeweiligen Instrumente mit Zeitangabe und Effekten in die Tabelle ein, bevor ihr mit der Aufnahme beginnt.

Instrument	Beginn	Ende	Effekte

Autor: Martin Staeckling. Digital unterrichten. Apps & Co. im Musikunterricht gezielt einsetzen

5.5 Ein Musikvideo drehen

Ziele/Kompetenzen	Die SuS drehen gemeinsam ihr eigenes Musikvideo. Die Stunde wird dem Themenschwerpunkt Entwicklungen von Musik dem Bereich Produktion zugeordnet. Die SuS entwerfen und realisieren musikbezogene Gestaltungen in einem historisch-kulturellen Kontext.
Digitale Medien	• Handys und Tablets • WLAN • Filmbearbeitunssoftware (z. B. Wondershare Filmora, Story Remix, Windows Movie Maker, VSDC Free Video Editor)
Vorbereitung	Selbst gedrehtes Video zu Demonstrationszwecken auswählen. Den SuS werden die digitalen Endgeräte zugewiesen, Kopfhörer, Kameras usw. werden verteilt. Die SuS müssen mit der Bedienung der Videosoftware vertraut sein.
Material	• Beamer • Kopfhörer • Boxen • eventuell externe Kameras und Requisiten • Arbeitsblatt
Klassenstufe	7./8. Klasse
Sozialform	GA, UG
Zeitbedarf	6 × 45 Minuten
Achtung!	Mit den Eltern muss zuvor abgestimmt werden, dass die SuS ihre Handys im Unterricht verwenden dürfen. Es muss für jede Gruppe einen ruhigen Aufnahmeort geben.

Phase	Unterrichtsverlauf	Sozialform	Material/Tools
Einstieg	Den SuS wird ein selbst gedrehtes Video zu einem bekannten Song gezeigt. Sie werden aufgefordert, besonders darauf zu achten, wie das Video mit der Musik in Verbindung steht. Anschließend werden Ideen gesammelt, wie ein eigenes Video zu dem Song aussehen könnte.	UG	• Computer • Beamer • Boxen
Erarbeitung	Nach dem Einstieg wird die Vorgehensweise beim Videodreh im Verlauf der Arbeitsphase erläutert. Drehpläne und entsprechende technische Geräte (Tablets, Handys, Kameras, Kopfhörer) werden verteilt. Es besteht die Möglichkeit, mehrere Videos zu einem Lied oder zu verschiedenen Liedern erstellen zu lassen. Nachdem die Gruppen einen Drehplan erstellt haben, sollen sie sich auf verschiedene Räume verteilen, in denen sie ihr Video in Ruhe aufnehmen und anschließend bearbeiten können.	GA	• Arbeitsblatt • Handys und Tablets • Kopfhörer • Kameras
Sicherung	Abschließend stellen die Gruppen ihre Videos vor. Vom Plenum wird ein Gewinnervideo gewählt. Einzelne SuS sollen ihre Wahl begründen.	UG	• Computer • Beamer • Boxen

Name:

Wir planen und drehen ein Musikvideo

Aufgabe 1: Hört euch euren Song an. Überlegt zusammen, wie euer Video aussehen soll. Entwickelt eine Handlung und benennt die entsprechenden Schauspielerinnen und Schauspieler in eurer Gruppe. Haltet eure Ergebnisse im Drehplan fest.

Aufgabe 2: Beginnt nun mit der Produktion des Videos. Nehmt mehrere Szenen auf. Schneidet und bearbeitet sie anschließend so, dass sie an der richtigen Stelle des Songs stehen.

Drehplan

Szene	Personen	Handlung/ Bewegungen	Ort/Requisiten	Zeit/Bezug auf den Song

Themenkomplex 6: DJing (Klasse 8/9)

Lerninhalte

Die Unterrichtsideen des DJings eignen sich für die 8./9. Klasse. Es geht darum, ...

- Songlisten mit einer Streaming-App zusammenzustellen.
- Songreihenfolgen festzulegen und Übergangsmöglichkeiten zu schaffen.
- sich mit einer DJ-Software vertraut zu machen.
- selbst die vorbereitete Playlist aufzulegen.

Unterrichtsideen

Titel	Medien
6.1 Playlists erstellen	• Handys oder Tablets • Kopfhörer • Beamer • Soundanlage • Streaming-App (z. B. Spotify, Deezer, iTunes, Amazon Music) • Oncoo-App
6.2 Die Playlist sinnvoll anordnen	• Handys oder Tablets • Kopfhörer • Beamer • Soundanlage • Streaming-App (z. B. Spotify, Deezer, iTunes, Amazon Music) • BPM-Messer (z. B. BPM Counter oder BPM Tab)
6.3 Selbst als DJane oder DJ auflegen	• Computer • ggf. DJ-Mischpulte • Handys oder Tablets • Kopfhörer • Beamer • Soundanlage • DJ-Software (z. B. DJ it!, edjing 5, Mixvibes Cross DJ, Algoriddim djay 2, Algoriddim djay Pro Al)

6.1 Playlists erstellen

Ziele/Kompetenzen	Songlisten werden mit einer Streaming-App angeordnet. Die Stunde wird dem Themenschwerpunkt Verwendung von Musik im Bereich Reflexion zugeordnet. Die SuS beurteilen Musik nach leitenden Kriterien hinsichtlich ihrer funktionalen Wirksamkeit.
Digitale Medien	• Handys oder Tablets • WLAN • Streaming-App (z. B. Spotify, Deezer, iTunes, Amazon Music) • Oncoo-App
Vorbereitung	Die SuS sollten zur Vorbereitung Playlists erstellt haben, die zu einem bestimmten Thema (z. B. Charts, Hip-Hop, Techno) angelegt, aber noch ungeordnet sind. Die SuS müssen ihr Handy mit zum Unterricht bringen. Die Mobiltelefone müssen aufgeladen und die entsprechende Streaming-App muss zuvor installiert worden sein.
Material	• Beamer • Soundanlage • Kopfhörer • Arbeitsaufträge (Tafel, Whiteboard, Aufgabenzettel)
Klassenstufe	8./9. Klasse
Sozialform	GA/PA, UG
Zeitbedarf	45 Minuten
Achtung!	Mit den Eltern muss zuvor abgestimmt werden, dass die SuS ihre Handys im Unterricht verwenden und die entsprechende App installieren dürfen.

Phase	Unterrichtsverlauf	Sozialform	Material/Tools
Einstieg	Die SuS erstellen mithilfe der App Oncoo eine Wortsammlung zu dem Thema „Der perfekte Abend im Club“. Anschließend wird die Wortsammlung in eine Ordnung gebracht, die den zeitlichen Verlauf des Abends widerspiegelt. Dieser chronologische Ablauf wird mit den bereits erstellten Playlists in Zusammenhang gebracht. Die Leitfrage „Wie muss der Ablauf einer Playlist für den Clubabend gestaltet sein?“ wird entwickelt.	UG	• Computer • Beamer • Oncoo-App • Handys
Erarbeitung	Im ersten Schritt entwickeln die SuS zunächst Namen für die jeweiligen Abschnitte, die später einheitlich als Preset, Hauptset und Endset benannt werden. Im zweiten Schritt ordnen sie die Songs in den Playlists so, dass sie zu den jeweiligen Abschnitten passen. Abschließend werden sie aufgefordert, stichpunktartig am Beispiel jeweils eines Tracks zu begründen, weshalb dieser zu dem jeweiligen Abschnitt passt (siehe Arbeitsaufträge).	GA (PA)	• Handys oder Tablets • Kopfhörer • Streaming-App • Arbeitsaufträge

Sicherung	Abschließend werden einige Playlists vorgestellt. Sie können über den Lehrer-PC abgerufen werden. Die SuS sollen erklären, wie sie bei der Anordnung vorgegangen sind. Aus den Gruppenergebnissen wird die Leitfrage beantwortet: Ein Set muss aus drei Abschnitten bestehen. Das Preset soll langsam steigernd die Gäste zum Tanzen animieren. Das Hauptset soll bekannte Songs enthalten, die die meisten Gäste kennen und die genügend Energie verbreiten, um alle Gäste auf der Tanzfläche zu halten. Das Endset beendet das Hauptset und ist langsamer und weniger tanzbar.	UG	• Computer • Beamer • Streaming-App • Boxen

Arbeitsaufträge

Aufgabe 1: Wie wir festgestellt haben, besteht ein Clubabend aus 3 Abschnitten. Entwickelt Namen für die jeweiligen Abschnitte.

Aufgabe 2: Ordnet die Songs in den Playlists so an, dass sie zu den 3 Abschnitten passen.

Aufgabe 3: Begründet eure Entscheidungen, indem ihr exemplarisch einen Song pro Abschnitt wählt und in Stichpunkten erklärt, weshalb dieser Track zu dem entsprechenden Abschnitt passt.

6.2 Die Playlist sinnvoll anordnen

Ziele/Kompetenzen	Songreihenfolgen festlegen und Übergangsmöglichkeiten schaffen. Die Stunde wird dem Themenschwerpunkt Verwendung von Musik im Bereich Reflexion zugeordnet. Die SuS beurteilen nach leitenden Kriterien Musik hinsichtlich ihrer funktionalen Wirksamkeit.
Digitale Medien	• Handys oder Tablets • WLAN • Streaming-App (z. B. Spotify, Deezer, iTunes, Amazon Music) • BPM-Messer (z. B. BPM Counter, BPM Tab)
Vorbereitung	Tonbeipiele zu Demonstrationszwecken auswählen. Die SuS sollten zur Vorbereitung bestimmte Playlists erstellt haben, die zu einem bestimmten Thema (z. B. Charts, Hip-Hop, Techno) angelegt sind. Die SuS müssen ihr Handy mit zum Unterricht bringen. Die Mobiltelefone müssen aufgeladen und die entsprechende App muss zuvor installiert worden sein.
Material	• Kopfhörer • Beamer • Soundanlage • Arbeitsblatt
Klassenstufe	8./9. Klasse
Sozialform	GA oder PA
Zeitbedarf	45 Minuten
Achtung!	Mit den Eltern muss zuvor abgestimmt werden, dass die SuS ihre Handys im Unterricht verwenden und die entsprechende App installieren dürfen.

Phase	Unterrichtsverlauf	Sozialform	Material/Tools
Einstieg	Den SuS werden zwei Übergänge präsentiert: Jeweils ein Song wird mit zwei anderen verbunden. Bei dem ersten Beispiel passen beide Songs nicht zusammen, bei dem zweiten schon. Die SuS sollen erste Ideen sammeln, warum der erste Song nicht passt, der zweite aber schon.	UG	• Computer • Beamer • Handys
Erarbeitung	Die SuS sollen mithilfe der auf dem Arbeitsblatt vorgegebenen Kategorien ermitteln, welche Songs in ihren Playlists zusammenpassen. Anschließend sollen die Playlists so umgestellt werden, dass zwischen möglichst vielen Songs gute Übergänge möglich werden.	GA (PA)	• Handys oder Tablets • Kopfhörer • Streaming-App • BPM-App • Arbeitsblatt
Sicherung	Abschließend werden einige Playlists vorgestellt. Sie können über den Lehrer-PC abgerufen werden. Die SuS sollen erklären, wie sie bei der Anordnung vorgegangen sind. Das Plenum gibt nach jedem Übergang ein Feedback.	UG	• Computer • Beamer • Streaming-App • Boxen

Name:

Tracks miteinander verbinden

Aufgabe: Geht eure Playlists durch und ordnet die Tracks so an, dass sie hintereinander gut zusammenpassen und Übergänge möglich sind. Verwendet hierbei die Tabelle und erläutert anhand der Kategorien, durch welche Parameter die Übergänge ermöglicht werden.

Song	Nachfolgesong	BPM	Instrumente	Stimmung	Art des Gesangs

6.3 Selbst als DJane oder DJ auflegen

Ziele/Kompetenzen	Mit einer DJ-Software die vorbereiteten Playlists auflegen und so verschiedene DJ-Tools kennenlernen. Die Stunde wird dem Themenschwerpunkt der Verwendung von Musik im Bereich Reflexion zugeordnet. Die SuS beurteilen Musik nach leitenden Kriterien hinsichtlich ihrer funktionalen Wirksamkeit.
Digitale Medien	• Computer • ggf. DJ-Mischpulte • Handys oder Tablets • WLAN • DJ-Software (z. B. DJ it!, edjing 5, Mixvibes Cross DJ, Algoriddim djay Pro Al, Algoriddim djay 2)
Vorbereitung	Infoblatt vorbereiten, auf dem die wichtigsten Funktionen und Bedienelemente der DJ-App erklärt werden. Die SuS sollen vorab Playlists zu einem bestimmten Thema (z. B. Charts, Hip-Hop, Techno) angelegt haben. Die Playlists müssen so strukturiert sein, dass die Übergänge zwischen den Songs einfach zu gestalten sind. Die SuS müssen ihre Handys mit zum Unterricht bringen. Die Mobiltelefone müssen aufgeladen und die entsprechende App muss zuvor installiert worden sein.
Material	• Beamer • Kopfhörer • Soundanlage • Arbeitsaufträge (Tafel, Whiteboard, Aufgabenzettel)
Klassenstufe	8./9. Klasse
Sozialform	GA/PA, UG
Zeitbedarf	45 Minuten
Achtung!	Mit den Eltern muss zuvor abgestimmt werden, dass die SuS ihre Handys im Unterricht verwenden und die entsprechende App installieren dürfen. Die verwendeten Lieder müssen von der Lehrkraft einmalig gekauft und zur Verfügung gestellt werden, oder es muss mit Apps, wie z.B. Mixvibes Cross DJ, Algoriddim djay Pro Al, auf den Streamingdienst SoundCloud zugegriffen werden.

Phase	Unterrichtsverlauf	Sozialform	Material/Tools
Einstieg	Die SuS erhalten eine technische Einführung in die jeweilige DJ-App. Dazu erhalten sie ein Infoblatt, auf dem die wichtigsten Funktionen und Bedienelemente der App erklärt werden.	UG	• Computer • Beamer • Handys • Infoblatt (App)

Erarbeitung	Die SuS müssen die von ihnen vorbereiteten Playlists in die App übertragen. Dabei ist darauf zu achten, dass entweder die entsprechenden Lieder von der Lehrkraft einmalig gekauft und zur Verfügung gestellt werden oder mit Apps wie Mixvibes Cross DJ, Algoriddim djay Pro AI auf den Streamingdienst SoundCloud zugegriffen wird. Die SuS sollen dann in Gruppen üben, mehrere gute Übergänge im Rahmen ihrer Playlists zu schaffen (siehe Arbeitsaufträge).	GA (PA)	• Handys oder Tablets • Kopfhörer • Streaming-App • BPM-App • Arbeitsaufträge
Sicherung	Abschließend werden einige Übergänge exemplarisch vorgestellt. Die SuS geben eine kurze Rückmeldung, wie ihnen das jeweilige Set gefallen hat.	UG	• Computer • Beamer • Streaming-App • DJ-App • Kopfhörer • Boxen

Arbeitsaufträge

Aufgabe 1: Greift mit der DJ-App auf eure jeweilige Playlist zu (Tracks von der Lehrkraft oder von SoundCloud). Probiert, einzelne Tracks auf die Turntables zu ziehen. Verwendet dafür das Infoblatt. Gestaltet anschließend die Übergänge mit der Mixer-Funktion.

Aufgabe 2: Bereitet ein kurzes Set mit 3 bis 4 Tracks vor, das ihr vor der Klasse präsentieren könnt.

Themenkomplex 7: Gemeinsam musizieren und singen (Klasse 5/6)

Lerninhalte

Die Unterrichtsideen zum gemeinsamen Musizieren und Singen sind für die Klassen 5/6 gedacht. Es geht darum, ...

- mithilfe von Karaoke spielerisch seine Singstimme kennenzulernen und an dieser zu arbeiten.
- digitale Instrumente in den Prozess des Klassenmusizierens zu integrieren.

Unterrichtsideen

Titel	Medien
7.1 Einen Karaoke-Wettbewerb veranstalten	• Tablets • Mikrofone • Kopfhörer • Beamer • Boxen • Karaoke-App (z. B. Smule, Yokee, Voloco)
7.2 Mit digitalen Instrumenten musizieren	• Computer • Tablets • Beamer • Boxen • Mikrofone • Kopfhörer • Musikherstellungsprogramm (z. B. Jambl, GarageBand)

7.1 Einen Karaoke-Wettbewerb veranstalten

Ziele/Kompetenzen	Einen Talentwettbewerb mit einer Karaoke-App durchführen. Die Stunde wird dem Themenschwerpunkt Bedeutungen von Musik im Bereich Produktion zugeordnet. Die SuS realisieren einfache vokale und instrumentale Kompositionen und eigene klangliche Gestaltungen auch unter Verwendung digitaler Werkzeuge und Medien.
Digitale Medien	• Tablets • Karaoke-App (z. B. Smule, Yokee, Voloco) • Abstimmungstool (z. B. Oncoo)
Vorbereitung	Einen Ausschnitt aus einer Castingshow zu Demonstrationszwecken im Vorfeld auswählen. Den SuS werden die digitalen Endgeräte zugewiesen. Die Tablets müssen aufgeladen und die entsprechende Karaoke-App mit Karaoke-Dateien muss zuvor installiert worden sein. Die SuS müssen mit der Bedienung der App vertraut sein.
Material	• Kopfhörer • Mikrofone • Beamer • Boxen • Feedbackbogen
Klassenstufe	5./6. Klasse
Sozialform	PA, UG
Zeitbedarf	2 × 45 Minuten
Achtung!	Niemand darf zum Singen gezwungen werden. Im Vorfeld muss daher abgefragt werden, wie viele SuS singen möchten. Finden sich nur wenige Freiwillige, lässt sich das Projekt schwer durchführen. Es sollten mindestens sechs SuS bereit sein zu singen. Den SuS sollten verschiedene Räume zum ungestörten Üben zur Verfügung stehen.

Phase	Unterrichtsverlauf	Sozialform	Material/Tools
Einstieg	Die Lehrkraft zeigt einen Ausschnitt aus einer Castingshow. Die SuS sollen anschließend erläutern, wie die Performance auf sie gewirkt hat.	UG	• Computer • Beamer • Boxen • Ausschnitt einer Castingshow
Erarbeitung	Die SuS werden in Zweierteams aufgeteilt. Ein Mitglied soll mithilfe einer Karaoke-App ein frei gewähltes Lied einstudieren. Die Partnerin oder der Partner wirkt unterstützend als Coach.	PA	• Tablets • Mikrofone • Kopfhörer

Sicherung	Die Teams präsentieren ihren Song vor der Klasse. Die Klasse vergibt anonym über ein Feedbacktool (z. B. Oncoo) Punkte, jede Schülerin und jeder Schüler hat eine Stimme. Der Feedbackbogen soll den SuS bei der Bewertung helfen. Die Sängerin bzw. der Sänger mit den meisten Punkten gewinnt und darf das Lied erneut vortragen.	UG	• Feedbackbogen • Feedbacktool (z. B. Oncoo)

Name:

Feedbackbogen

Sängerin/ Sänger	Performance	Stimme	Präzision	Songauswahl	Ausdruck

Autor: Martin Staeckling. Digital unterrichten. Apps & Co. im Musikunterricht gezielt einsetzen

7.2 Mit digitalen Instrumenten musizieren

Ziele/Kompetenzen	Im Klassenverband wird mit digitalen Instrumenten musiziert. Die Stunde wird dem Themenschwerpunkt Bedeutungen von Musik im Bereich Produktion zugeordnet. Die SuS realisieren einfache vokale und instrumentale Kompositionen und eigene klangliche Gestaltungen auch unter Verwendung digitaler Werkzeuge und Medien.
Digitale Medien	• Computer • Tablets • Musikherstellungsprogramm (z. B. Jambl, GarageBand) • Videoportal (z. B. YouTube)
Vorbereitung	Den SuS werden die Tablets zugewiesen. Die Tablets müssen aufgeladen und die entsprechende App muss zuvor installiert worden sein. Die SuS müssen mit der Bedienung der App vertraut sein. Es ist von Vorteil, wenn die SuS über die Grundlagen des Notenlesens und der Instrumentalkunde verfügen. Es kann aber auch intuitiv nach Gehör musiziert werden.
Material	• Beamer • Boxen • Mikrofone • Kopfhörer • Arbeitsblatt
Klassenstufe	5./6. Klasse
Sozialform	PA, UG
Zeitbedarf	2 × 45 Minuten
Achtung!	Es müssen klare Regeln kommuniziert werden, wann gespielt werden darf und wann nicht, damit es für alle Beteiligten nicht zu anstrengend wird.

Phase	Unterrichtsverlauf	Sozialform	Material/Tools
Einstieg	Die Lehrkraft setzt mit den digitalen Instrumenten einer App (z. B. Jambl) ein Gefühl in Musik um. Die SuS sollen erraten, um welches Gefühl es sich handelt.	UG	• Computer • Boxen • Tablets • Musikherstellungsprogramm (z. B. Jambl, GarageBand)
Erarbeitung	Die SuS werden in Zweierteams aufgeteilt. Jedes Team soll sich für ein Gefühl entscheiden, das es musikalisch umsetzt. Anschließend erstellen die Teams einen kurzen Spielplan, der festlegt, wie das kurze Stück eingespielt werden soll.	PA	• Tablets • Mikrofone • Kopfhörer
Sicherung	Die SuS stellen ihre Stücke im Plenum vor. Die Lerngruppe muss erraten, um welches Gefühl es sich handelt.	UG	• Tablets • Beamer • Boxen

Name:

Gefühle mit digitalen Instrumenten vertonen

Aufgabe 1: Sucht euch aus folgenden Gefühlen eines aus: Freude, Trauer, Überraschung, Wut, Angst, Ekel, Verachtung.

Aufgabe 2: Erstellt einen Spielplan, wie ihr das Gefühl musikalisch umsetzen wollt. Benutzt dafür die Vorlage.

Aufgabe 3: Stellt der Klasse euer Musikstück vor und lasst eure Mitschülerinnen und Mitschüler erraten, um welches Gefühl es sich handelt.

Spielplan

Ablauf (als grafische Notation oder in Notenschrift)	
Instrument 1 Instrument 2 Instrument 3	
Lautstärke und Entwicklung	
Tempo	
Dauer	
Besondere Merkmale, durch die das Gefühl zum Ausdruck gebracht wird	

Autor: Martin Staeckling. Digital unterrichten. Apps & Co. im Musikunterricht gezielt einsetzen

Themenkomplex 8: Neue Musik (Klasse 10)

Lerninhalte

Die Unterrichtsideen zur Neuen Musik sind für Klasse 10 gedacht. Es geht darum, ...

- verschiedene Prinzipien der Neuen Musik selbst digital umsetzen zu können.
- Musik abseits von den tradierten Formen der abendländischen Musik entstehen zu lassen.
- Aleatorik als Kompositionstechnik kennenzulernen.
- über Sinuswellen und verschiedene Formen des Rauschens Klangerzeugungs- und Bearbeitungsprozesse der neuen elektronischen Musik nachvollziehen zu können, mit denen auch Pioniere wie Karl-Heinz Stockhausen gearbeitet haben.

Unterrichtsideen

Titel	Medien
8.1 Aleatorik: Eine Zufallsmelodie komponieren	• Computer • Tablets • Kopfhörer • Beamer • Boxen • Zufallsgenerator-Tool (z. B. UltimateSolver) • Notations-App (z. B. MuseScore, Logic Pro)
8.2 „Neue Musik" kennenlernen	• Computer • Tablets • Kopfhörer • Boxen • Audiobearbeitungsprogramm (z. B. Audacity, Adobe Audition (kostenpflichtig))

8.1 Aleatorik: Eine Zufallsmelodie komponieren

Ziele/Kompetenzen	Es wird eine Zufallsmelodie erarbeitet. Diese Stunde wird dem Themenschwerpunkt Bedeutungen von Musik im Bereich Produktion zugeordnet. Die SuS realisieren einfache vokale und instrumentale Kompositionen und eigene klangliche Gestaltungen auch unter Verwendung digitaler Werkzeuge und Medien.
Digitale Medien	• Computer • Tablets • Zufallsgenerator-Tool (z. B. UltimateSolver) • Notations-App (z. B. MuseScore, Logic Pro)
Vorbereitung	Das Notationsprogramm muss am Lehrer-PC geöffnet sein und mit Beamer und Boxen verbunden werden. Den SuS werden die digitalen Endgeräte zugewiesen. Die Tablets müssen aufgeladen sein, und der Link zum Zufallsgenerator-Tool muss den SuS vorab geschickt worden sein. Das Notationsprogramm muss auf den Endgeräten installiert und die SuS müssen mit der Bedienung der Programme vertraut sein.
Material	• Kopfhörer • Beamer • Boxen • Arbeitsblatt
Klassenstufe	10. Klasse
Sozialform	PA, UG
Zeitbedarf	2 × 45 Minuten

Phase	Unterrichtsverlauf	Sozialform	Material/Tools
Einstieg	Die Lehrkraft komponiert vor der Klasse mithilfe des Arbeitsblatts eine Melodie, die nur vier Töne enthält. Dabei wählt sie mit dem Zufallsgenerator die Tonhöhen und anschließend die Notenwerte aus. Diese gibt sie danach in das Notationsprogramm ein. Wenn sie vier Töne hat, spielt sie das Ergebnis der Klasse vor.	UG	• Computer • Beamer • Boxen • Zufallsgenerator-Tool (z. B. UltimateSolver) • Notations-App (z. B. MuseScore, Logic Pro) • Arbeitsblatt

Erarbeitung	Die SuS werden in Zweierteams aufgeteilt. Ihre Aufgabe ist es, anhand des Arbeitsblatts eine Zufallsmelodie mit 28 Tönen zu erstellen.	PA	• Tablets • Kopfhörer • Zufallsgenerator-Tool (z. B. UltimateSolver) • Notations-App (z. B. MuseScore, Logic Pro) • Arbeitsblatt
Sicherung	Einige Teams (max. fünf) präsentieren ihre Melodie. Die anderen SuS sollen die Wirkung der entsprechenden Melodie im Anschluss beschreiben.	UG	• Tablets • Boxen • Beamer

Name:

Eine Zufallsmelodie kreieren

Aufgabe 1: Komponiere eine Zufallsmelodie aus 28 Tönen. Gehe dabei folgendermaßen vor:

1. Notiere 12 Töne von c1 bis zu h1 mit den Halbtönen als Kreuztöne in dein Heft.

2. Nummeriere die Töne durch: c1–1 // cis1–2 // d1–3 ... h1–12.

3. Stelle den Zufallsgenerator darauf ein, eine Zahl zwischen 1 und 12 auszuwählen.

Aufgabe 2: Wähle anschließend die Tonlänge (Notenwert).
Stelle den Zufallsgenerator darauf ein, eine Zahl zwischen 1 und 6 auszuwählen. Den Zahlen werden folgende Notenlängen zugeordnet:

1 = halbe Note

2 = punktierte Viertelnote

3 = Viertelnote

4 = punktierte Achtelnote

5 = Achtelnote

6 = Sechzehntelnote

Trage danach die Note in das Notationsprogramm ein und wiederhole den Vorgang so lange, bis du eine Melodie aus 28 Tönen hast.
Wähle als Taktart den Viervierteltakt.

Beispiel:
Im ersten Schritt wählt der Zufallsgenerator eine 9 aus. Die Tonhöhe wäre dann gis1.
Im zweiten Schritt fällt die Wahl des Zufallsgenerators auf die 5. Also ist die Tonlänge eine Achtelnote.
Es kann eine Achtelnote auf gis1 als Ton eingetragen werden.

8.2 „Neue Musik" kennenlernen

Ziele/Kompetenzen	Neue Klänge mit einer App erzeugen und beschreiben. Die Stunde wird dem Themenschwerpunkt Bedeutungen von Musik im Bereich Produktion zugeordnet. Die SuS realisieren und präsentieren eigene klangliche Gestaltungen sowie vokale und instrumentale Kompositionen und Improvisationen vor dem Hintergrund ästhetischer Konzeptionen.
Digitale Medien	• Computer • Tablets • Audiobearbeitungsprogramm (z. B. Audacity, Adobe Audition (kostenpflichtig))
Vorbereitung	Tonbeispiel zu Demonstrationszwecken im Vorfeld auswählen. Den SuS werden die Tablets zugewiesen. Die Tablets müssen aufgeladen und die entsprechende App muss zuvor installiert worden sein. Die SuS müssen mit der Bedienung der App vertraut sein.
Material	• Boxen • Kopfhörer • Arbeitsblatt (2 Versionen: Gruppe 1, Gruppe 2)
Zielgruppe	10. Klasse
Klassenstufe	EA (in 2 Gruppen)
Zeitbedarf	2 × 45 Minuten

Phase	Unterrichtsverlauf	Sozialform	Material/Tools
Einstieg	Die Lehrkraft spielt ein Musikbeispiel vor, das auf weißem Rauschen und Sinustönen basiert. Im ersten Schritt sollen die SuS beschreiben, wie die Musik auf sie wirkt. Im zweiten Schritt sollen sie Vermutungen anstellen, wie diese Musik erzeugt wurde.	UG	• Computer • Boxen • Tonbeispiel
Erarbeitung	Die SuS wählen zwischen Arbeitsblatt 1 und 2. Dann erzeugen und bearbeiten sie selbstständig verschiedene neue Klänge mithilfe der Anweisungen. Gruppe 1 bearbeitet ein Rauschen, während Gruppe 2 bei verschiedenen Wellenformen Veränderungen vornimmt.	GA	• Tablets • Audiobearbeitungsprogramm (z. B. Audacity, Adobe Audition) • Kopfhörer • Arbeitsblätter
Sicherung	Die SuS stellen ihre Erarbeitungen vor und beschreiben, wie sie vorgegangen sind. Insbesondere sollen sie hervorheben, was für sie neu war und was sie besonders begeistert hat.	UG	

Name:

Gruppe 1: Rauschen erzeugen

Aufgabe 1:

1. Platziere den Cursor an der Stelle der Sinuswelle, an der das Rauschen eingefügt werden soll.
2. Wähle „Effekte“ → „Generieren“ → „Rauschen“ aus.
3. Lege die gewünschten Optionen fest und klicke auf „OK“.

Farbregler

Gib eine Färbung für das Rauschen an:

- **Braunes Rauschen:** Es hat eine Spektralfrequenz von 1/f2, weist also einen größeren Anteil niederfrequenter Töne auf. Der Klang erinnert an Donner und einen Wasserfall. Das braune Rauschen wird so genannt, weil die Wellenform einer Brown'schen Kurve folgt. Das nächste Sample in der Wellenform ist also gleich dem vorherigen Sample, plus einem kleinen Zufallswert. Im Diagramm sieht diese Wellenform wie eine Gebirgskette aus.

- **Rosa Rauschen:** Es hat eine Spektralfrequenz von 1/f und tritt am häufigsten in der Natur auf. Dieses Rauschen klingt am natürlichsten. Mithilfe des Equalizers können Regen, Wasserfall, Wind, Stromschnellen und andere natürliche Klänge generiert werden. Das rosa Rauschen liegt exakt zwischen dem braunen und dem weißen Rauschen. Es ist weder zufällig noch vorhersagbar, sondern ähnelt in der Anzeige einem Fraktal.

- **Weißes Rauschen:** Es hat eine Spektralfrequenz von 1, d.h. alle Frequenzen sind mit gleichen Anteilen vorhanden. Da das menschliche Ohr gegenüber hohen Frequenzen empfindlicher ist, klingt weißes Rauschen sehr scharf. Die App Adobe Audition generiert weißes Rauschen z. B. durch Verwendung von Zufallswerten für jedes Sample.

Aufgabe 2: Beschreibe den Klangeindruck, den die bearbeitete Sinuswelle erzeugt. In welchen Musikrichtungen lassen sich deiner Meinung nach solche Klänge verwenden?

Autor: Martin Staeckling. Digital unterrichten. Apps & Co. im Musikunterricht gezielt einsetzen

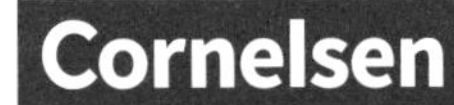

Name:

Gruppe 2: Wellenformen verändern

Aufgabe 1:
Wähle „Effekte“ → „Töne generieren“, um eine einfache Wellenform anhand mehrerer Amplituden- und Frequenzeinstellungen zu erstellen. Generierte Töne eignen sich hervorragend als Ausgangspunkte für Soundeffekte.

Abtasten von Frequenzen: Erzeugt einen Tonübergang von den Einstellungen auf der Registerkarte „Start“ zu denen auf der Registerkarte „Ende“. (Die Wellenform bleibt konstant.)

Grundfrequenz: Gibt die Grundfrequenz zum Generieren der Töne an.

Modulationstiefe: Moduliert die Tonhöhe der Grundfrequenz über einen benutzerdefinierten Bereich. Bei einer Einstellung von 100 Hz wird beispielsweise die ursprüngliche Frequenz um 50 Hz nach unten und 50 Hz nach oben moduliert.

Modulationsrate: Legt fest, wie oft pro Sekunde die Frequenz moduliert wird, wodurch ein trillernder Vibratoeffekt entsteht.

Wellenform:
Wähle eine der folgenden Optionen aus:

- Sinus und umgekehrtes Sinus erzeugen die Grundfrequenz. Eine Typeneinstellung von 1,00 bewirkt reine Töne, während niedrigere Einstellungen quadratischere Wellen und höhere Einstellungen dreieckigere Wellen erzeugen.

- Die Einstellung „Dreieck/Sägezahn“ erzeugt eine dreieckige Wellenform mit ausschließlich unregelmäßigen Harmonien bei einer Typeneinstellung von 50 %. Einstellungen über und unter diesem Wert erzeugen sägezahnförmige Wellenformen mit unregelmäßigen und regelmäßigen Harmonien.

- Die Einstellung „Quadrat“ erzeugt nur unregelmäßige Harmonien. Eine absolut quadratische Welle wird mit einer Typeneinstellung von 50 % erzielt. Einstellungen über und unter diesem Wert verändern den Arbeitszyklus der Wellenform (flache Spitze bei 100 % und flaches Tal bei 0 %). Der obere und untere Grenzwert erzeugen nur ein hörbares Klicken.

Aufgabe 2: Beschreibe den Klangeindruck, den deine Komposition auf dich macht. In welchen Musikrichtungen lassen sich deiner Meinung nach solche Klänge verwenden?

Ratgeber und Praxishilfen

Kreative Impulse und konkrete Unterstützung

Lehrwerkunabhängige Materialien, die Sie im pädagogischen Alltag spürbar entlasten:

- **Ratgeber** zu allen aktuellen Themen rund um Ihren Unterrichts- und Schulalltag
- **Fachliteratur** zur Methodik und Didaktik – für angehende sowie für erfahrene Lehrkräfte
- **Methodenbücher**, (Lern-)Spiele und Rätselsammlungen – für Ihr Fach sowie fachübergreifend
- **Übungen** zum Wiederholen und Festigen von Inhalten
- **Kopiervorlagen** zu allen gängigen Lehrplanthemen, Kompetenzbereichen und für Vertretungsstunden

Online mehr erfahren:
crnl.sn/unterrichtshilfen

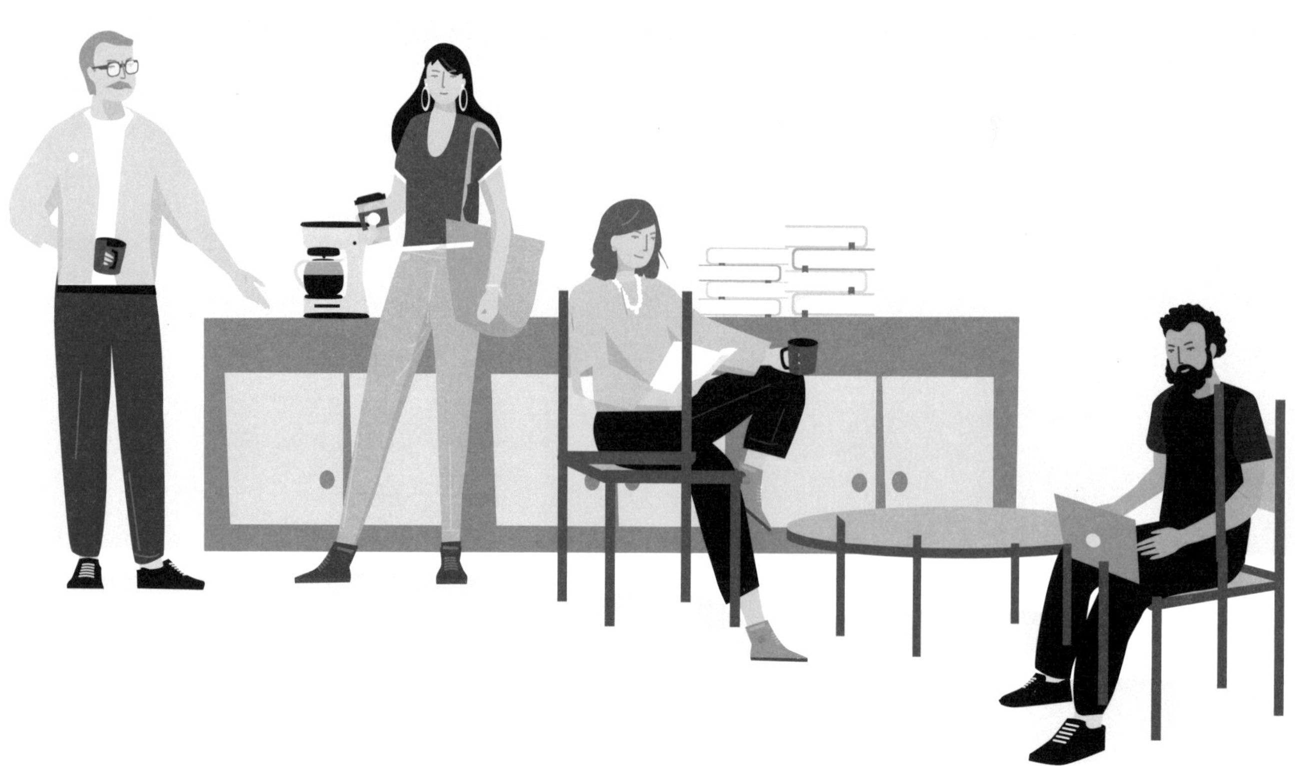